Spiritual Survey on Mormonism

モルモン教霊査

Ryuho Okawa
大川隆法

アメリカ発新宗教の知られざる真実

まえがき

　今年はアメリカ大統領選があり、世界の方向性に大きな影響が出ることと思われる。前・マサチューセッツ州知事ロムニー氏と、元・下院議長のギングリッチ氏の対決が共和党の大統領候補を決めることになろう。以前、民主党のオバマ氏が登場した時にも、守護霊インタヴューや過去世リーディングをしたので、今回、重大関心事となるロムニー氏の信仰するモルモン教を霊査することにした。結論については読者の判断に委ねるが、アメリカ政治を知る上で貴重な情報となるだろう。なお、アメリカは政教分離の国であり、それは、信仰ある者が政治をやってはいけないという趣旨ではないので、本書は、純粋に宗教的探究目的の

1

ために書かれたものである。

　なお、ジョセフ・スミス氏の英語には、現代英語、あるいは英文法から見れば微細なミスが散見されるが、霊言の真実性の担保のため、そのまま記載した。著者の英語力の不足なのか、19世紀アメリカの英語なのかは分かりかねる。

2012年1月25日

幸福の科学グループ創始者兼総裁　大川隆法

モルモン教霊査　目次

まえがき 1

1 なぜ、今、「モルモン教霊査」なのか 11

アメリカ大統領選の争点に
なりつつあるモルモン教 11

まずは「真実そのもの」を調査してみたい 14

モルモン教の情報が少ない日本 16

2 モルモン教に関する基礎情報 18

創作を疑う人が多い『モルモン書』 18

復活したイエス・キリストは
アメリカに渡った？ 20

モルモン教が人種差別的な面を持つ理由 22

暗殺された初代のジョセフ・スミス、
ユタに逃れた2代目のブリガム・ヤング 23

戒律的には厳格で、
非常に真面目なモルモン教徒 25

「一夫多妻」だけで
　　宗教の正邪を判断するのは難しい　　26

　　キリスト教的には異端だが、
　　社会的には受け入れられているモルモン教　　27

3　真実を求めて、
　　教祖ジョセフ・スミスに訊く　　30

4　自分の死を自覚していない
　　ジョセフ・スミスの霊　　35

　　ジョセフ・スミスの霊を招霊する　　35

　　「今はまだ19世紀半ばだ」と思っている　　38

　　暴徒に襲われたのを
　　「1時間前のことだ」と感じている　　43

　　「暴徒に襲われた理由」を
　　どのように考えているのか　　49

5　モルモン教の「教え」の核心に迫る　　55

　　インディアンへの人種差別は当然なのか　　55

　　信じられるのは「白人のアメリカ人」だけ？　　60

"天使"と出会ったときの状況は、
　　『コーラン』の記述とそっくり　　　　　　　　66

　　「アメリカには新しい神が必要である」
　　と考えている　　　　　　　　　　　　　　　73

6　言動に見る「イエス・キリストとの違い」　　81

　　信徒が起こした略奪や虐殺などの
　　事件について、どう思うか　　　　　　　　　81

　　イエス・キリストは、サマリア人を差別したのか　86

　　ジョセフ・スミスを導いていたのは、
　　どのような霊存在か　　　　　　　　　　　　91

7　真実に目覚めるように説得を試みる　　　　　98

　　共和党の大統領候補
　　ロムニー氏については知らない　　　　　　　98

　　死後、約170年たってなお、
　　「3日後には復活する」と考えている　　　　103

　　質問者が"悪魔の弟子"に見えている　　　　109

8　ジョセフ・スミスの人物像を振り返る　　　119

　　時間が止まっていたジョセフ・スミスの霊　　119

前世で「インディアンに嵌められて殺された」? 121

モルモン教が「右翼」である二つの理由　　123

西部開拓を「明白な運命」として
正当化したアメリカ　　127

『モルモン書』は、日本で言えば、
『竹内文書』や「水戸学」のようなもの　　130

「宗教的な核」が見当たらないアメリカ　　135

9　モルモン教誕生の霊的背景とは　　139

悪魔が指導してつくった宗教なのか　　139

『旧約聖書』に出てくる
戦闘的な神が関係していた？　　143

滅びた民族の魂が
アメリカに現れている可能性　　145

「ジョセフ・スミスの今の状態を探った」
というあたりで終わりにしたい　　149

あとがき　　156

※「霊言現象」とは、あの世の霊存在の言葉を語り下ろす現象のことである。これは高度な悟りを開いた者に特有のものであり、「霊媒現象」(トランス状態になって意識を失い、霊が一方的にしゃべる現象)とは異なる。

モルモン教霊査

アメリカ発新宗教の知られざる霊的真実

2011年12月28日　ジョセフ・スミスの霊示

ジョセフ・スミス（1805 〜 1844）

モルモン教の開祖。アメリカ合衆国バーモント州に生まれる。1830年、『モルモン書』を聖典として、末日聖徒イエス・キリスト教会（いわゆるモルモン教）を設立。1844年、モルモン教を迫害する暴徒に襲われ、銃撃戦のなか、死亡した。

質問者
里村英一（幸福の科学専務理事 兼 広報局長）
田中司　（「ザ・リバティ」編集部部長）

※役職は収録当時のもの

1 なぜ、今、「モルモン教霊査」なのか

アメリカ大統領選の争点になりつつあるモルモン教

大川隆法　今回は、少し難しいテーマになると思います。

　今日(2011年12月28日)の毎日新聞朝刊に、「(米共和党)モルモン教巡り分裂」という見出しの記事が載りました。2012年のアメリカ大統領選における共和党の有力候補が、現時点で、ギングリッチ元・下院議長と、ロムニー前・マサチューセッツ州知事に絞られてきつつありますが、「ロムニー氏がモルモン教の信者である」ということが問題になっているわけです。

　モルモン教は、政治的には保守であり、同じく保守の福音派と共同して法律を通したりしたこと

もあります。例えば、双方とも、「人工妊娠中絶」や「同性愛者同士の結婚」等に対しては一致して反対していますし、「オバマ大統領の再選を阻止するために団結すべきだ」という点では意見が一致しているのです。

しかし、いよいよ「大統領選」ということになると話は別らしく、今、上層部が揉めてきているようです。特に、2011年10月には、福音派の牧師が「モルモン教はカルト集団だ」と批判して、波風が立っているわけです。

もし、このロムニー氏が有力候補になってくるならば、新聞や雑誌、テレビ等にも、モルモン教の話題がそうとう出てくるものと推定されます。ただ、日本のマスコミのなかに、モルモン教について正しく判定できるものがあるとは思えません。彼らは、十分な情報を持っていないでしょう

1　なぜ、今、「モルモン教霊査」なのか

し、おそらく、偏見(へんけん)に満ちていると思われます。

　はっきり言うと、アメリカ国内でも、モルモン教について明確な判断がなされているかどうかは、何とも言えません。

　今、モルモン教の信徒は、アメリカに600万人程度いるようです。つまり、「600万人程度の信徒しか持っていない教団の信者が、3億人国家であるアメリカの大統領になってよいのか」という問題が迫(せま)ってきているのです。

　現在、アメリカ議会では共和党の巻き返しが激しくなっているため、その勢いから行けば、大統領選でも、「民主党が不利、共和党が有利」というかたちになっていく可能性がかなり高いと言えます。

　そして、共和党候補の指名争いにおいては、今のところ、ギングリッチ氏とロムニー氏は五分五

分と言われています。オバマ氏にも、起死回生の一手を打つ可能性がないとは言えないので、まだ決定的ではありませんが、ロムニー氏が大統領になる可能性は３分の１ぐらいあると思います。

まずは「真実そのもの」を調査してみたい

大川隆法　マスコミは、モルモン教に対して一定の距離を取り、中立的に扱うかもしれませんが、今後、この宗教の是非を巡って、論争が起きてくる可能性もあります。

　そのため、本来、あまり口出しすべき対象ではないと思いつつも、ニュース性のあるものに敏感な当会としては、今朝の新聞記事を見て、「そろそろ、モルモン教の調査に入らなければいけないのかな」と思ったわけです。

　幸福実現党は、政策的には、どちらかといえば、

1 なぜ、今、「モルモン教霊査」なのか

共和党のほうに近いと思います。

しかし、今回の霊査の結果、「宗教的に見て、モルモン教は間違っている」という判定が出た場合、もしロムニー氏が候補として上がってきて、大統領になったならば、当会としては、対応が非常に難しくなる可能性があります。

その場合にどうするかは、別途、大人の判断を加えることとして、まずは、ある程度、「真実そのもの」を、当会なりの方法で調べてみたいと思います。それは可能でしょう。

モルモン教の真実は、世界的に見ても、本当に分からないことです。

キリスト教国では、日本のように、いろいろなかたちの新宗教が出ることが、ほとんど不可能なので、新宗教は、みな、「キリスト教の一派」と称して起きてきます。そのため、キリスト教の正

統派から異端とされている新宗教が数多く存在するわけです。

　ただ、「異端とされている」ということと、「宗教として間違っている」ということは、まったく別の問題です。

モルモン教の情報が少ない日本

大川隆法　日本人で、モルモン教について知っている人は、あまり多くないかもしれません。東京・広尾には、モルモン教の施設として、尖塔部に金色の天使像の付いた高い建物が建っています。これは、日本にある大きな教会の一つのようです。

　一般的には、モルモン教と言われていますが、正式名称は、「末日聖徒イエス・キリスト教会」です。二つの名称を使っているので、少し分かりにくいのですが、かたちの上では、「キリスト教」

を名乗っています。

　ちなみに、モルモン教には、日本語のうまい伝道師がいます。ケント・ギルバート氏と誰でしたか。二人ほど、有名な人がいましたけれども……。

里村　ケント・デリカット氏です。

大川隆法　ややこしいですね。ケント氏が二人いるわけですか（笑）。彼らは、日本語がとても上手ですが、この宗教は、非常に伝道熱心ですね。

2 モルモン教に関する基礎情報

創作を疑う人が多い『モルモン書』

大川隆法　ここで、モルモン教の歴史について、かいつまんで述べておきましょう。物語だけを聞くと、「信じられない」という人がほとんどかと思います。

　モルモン教は、1800年代に起きた宗教であり、教祖はジョセフ・スミスという人です。彼は、10代のときに、神の声というか、天使の声が聞こえるようになり、ニューヨーク州北部にあるクモラの丘という所で、金版を掘り出すと同時に、二つの宝石を手に入れたそうです。

　その金版に書かれた古代の変体エジプト文字は、そのままでは読めなかったけれども、二つの宝石を通して読むと、なぜかそれが英語に変換さ

2 モルモン教に関する基礎情報

れたらしいのです。そうして翻訳された"聖書"が、『モルモン経』あるいは『モルモン書』と言われているものです。要するに、「聖典が金版のかたちで掘り出された」と主張しているわけです。

ところが、「そのあと、金版と宝石は、空中に蒸発して消えてしまった」といいます。つまり、金版と宝石があったという証拠はなく、英語の翻訳書しか残されていないわけですから、これについては、「創作ではないか」と疑う人が大多数です。

また、『モルモン書』は、幾つかの書から成るようですが、そのなかの一つには、シェークスピアなどの文章が明らかに入っているため、「おかしいのではないか」と指摘されています。

さらに、初版からは、すでに3000カ所以上もの修正を加えられているとのことなので、どこで、どう内容が変わっているかは分かりません。

ともあれ、ジョセフ・スミスという人は、霊の声が聞こえるなど、いろいろな能力を示したようではあります。

復活したイエス・キリストはアメリカに渡った？

大川隆法　結局、『モルモン書』と言われるものは何なのかということですが、その要点は、「古代アメリカ大陸には、『旧約聖書』などが説かれていたころに中東から渡ってきた民が住んでいた。その後、イエスは十字架に架かって処刑され、復活をするが、その復活したイエスは、アメリカに渡って来ていたのだ」ということなのです。

　こういう説は、あってもよいと思います。確かに、『聖書』には、イエスが肉体を持って復活したように書いてありますが、500人以上の人々の

2 モルモン教に関する基礎情報

前に姿を現したあと、彼がどうなったかはよく分からないのです。

　もしかしたら、筏(いかだ)に乗って海を漂流(ひょうりゅう)し、アメリカ大陸まで行き着いていたのかもしれません。日本にも、「イエスが来た」という伝説があり、青森には"キリストの墓"もあるぐらいですから、青森で亡くなるより、アメリカで亡くなる可能性のほうが確率論的には高いでしょう。

　あるいは、UFOに乗ってアメリカへ行っている可能性も「ない」とは言えないので（笑）、このモルモン教の説を完璧(かんぺき)に否定するつもりはありません。

　そして、「復活したイエスは、アメリカで教えの続きを説き、その後200年ぐらい、キリスト教は続いた」とされています。

モルモン教が人種差別的な面を持つ理由

大川隆法　ところが、「当初、アメリカ大陸に渡った人たちは、ニーファイ人とレーマン人に分かれて対立し、最終的には、レーマン人がニーファイ人を滅ぼしてしまった」というのです。

　ここで、滅ぼされたニーファイ人の歴史家として出てくるのが、「モルモン」という人です。この人が、「紀元前600年から紀元後400年までのアメリカの歴史を書き遺した」とされています。そこには、アメリカでのイエス・キリストの伝道の話まで書かれているそうです。

　そして、「モルモンは、自分たちが滅ぼされそうになったため、『モルモン書』を書き、それを息子のモロナイに託した。そうして、それがクモラの丘に埋められたのだ」ということになってい

るわけです。

　なお、「滅ぼしたほうのレーマン人は、神の呪いを受けて、皮膚の色が褐色になり、アメリカ・インディアンの先祖になった」というような考えも出ています。その意味で、モルモン教は、保守派ではありますが、人種差別的な面も持っている宗教です。白人優位主義・有色人種蔑視の傾向が少しあるようです。

暗殺された初代のジョセフ・スミス、ユタに逃れた２代目のブリガム・ヤング

大川隆法　それ以外の論点としては、「初代のジョセフ・スミス、２代目のブリガム・ヤングとも、一夫多妻をしており、奥さんや子供が何十人もいた」と言われています。それで、かなり迫害されているところがあります。

初代のジョセフ・スミスは、40歳前後で暗殺されています。

　1844年、彼は、反モルモン教勢力から、かなりの批判を受けます。そのため、反モルモン教勢力の暴徒化を恐れた市当局は、彼を監獄のような所に収容しました。この措置には保護の目的もあったと思われますが、そこに暴徒が襲ってきたのです。結局、彼は、引きずり出され、殺されてしまいます。

　2代目のブリガム・ヤングは、その後、出エジプト風に逃れ、州から州へと渡り歩きました。ロッキー山脈を越え、現在のユタ州に入り、そこに最後の安住の地を見出します。

　こうして彼らが築いたのが、「ソルトレイクシティ」という町です。2002年に冬季オリンピックが開催された所ですが、そこに陣地を築いたわけ

です。今では、ユタ州の全人口のうち、約6割がモルモン教徒だと言われています。

戒律的には厳格で、非常に真面目なモルモン教徒

大川隆法　モルモン教徒は、戒律的な面ではかなり厳格です。例えば、「酒やコーヒー、紅茶を飲まない」とか、「タバコを吸わない」とか、いろいろな戒律を守っています。

　私も、以前、実際に、アメリカにあるモルモン教の大きな教会を見に行ったことがありますが、波動的には、特に何も感じませんでした。また、近所の人やタクシーの運転手などに訊くと、「モルモン教徒は非常に真面目な人たちだ」とのことではありました。

「一夫多妻」だけで宗教の正邪を判断するのは難しい

大川隆法　初代と２代目は一夫多妻を実践しましたが（「初代はしていなかった」という説もある）、その後、連邦政府から、「一夫多妻制をやめたほうがよいのではないか」という勧告があり、公式には、一夫一婦制をとるように方針を変えたようです。ただ、「現代でも、おそらく３万5000人ぐらいは一夫多妻を行っているのではないか」と言われています。

このあたりが、モルモン教に対する攻撃ポイントになっているわけですが、一夫多妻制は、イスラム教や日本神道などにもあるので、「この点だけで宗教の正邪を判断するのは難しい」と考えています。

例えば、日本の天皇は125代続いていますけれども、もし一夫一婦制であったならば、おそらく、すでに途絶えているはずです。今、皇室が存続の危機を迎えているのも、昭和天皇から始まった一夫一婦制がかなり効いていることは事実です。つまり、「天皇が125代続いた背景には一夫多妻制があった」という面も大きいのです。

　このように、「一夫一婦制をとるか。一夫多妻制をとるか」ということについては、宗教によって、いろいろな特徴があるとは思います。

キリスト教的には異端だが、社会的には受け入れられているモルモン教

大川隆法　『モルモン書』の成立過程から見て、「もしかしたら全部嘘ではないか」という説もかなりあるため、モルモン教を信じない人は多いですし、

「カルトだ」と見る向きもあります。

ただ、「キリスト教的には異端だろうが、社会的には受け入れられている」というあたりが、現時点でのモルモン教の位置づけではないかと思います。

したがって、モルモン教と同列に扱ってはいけないかもしれませんが、日本で言えば、天理市をつくっている天理教に近いかもしれません。「『自分たちの町まで持っている宗教』という意味では、社会的に受け入れられている。しかし、『その教えの内容が正しいかどうか』ということについては、みな、必ずしも関知していない」といったところでしょうか。

天理教も、明治時代にはかなり弾圧されていますが、モルモン教も、そのような感じに近いのかもしれません。

以上、モルモン教の概要について、簡単に述べました。

3 真実を求めて、
　　教祖ジョセフ・スミスに訊く

大川隆法　（里村に）さて、どうしましょうか。

里村　やはり、創始者のジョセフ・スミスに話を聞いてみたいと思います。

大川隆法　教祖から行きますか。

里村　はい。

大川隆法　その場合、あとで公開できるような内容になるかどうかは分かりません。
　以前、他の宗教の教祖の霊言を収録し、本として出しましたが、そのときには、新聞に広告を載

せてくれなかったのでしょうか（注。2010年に、文鮮明守護霊、牧口常三郎、庭野日敬、伊藤真乗、池田大作守護霊の霊言を収録し、『宗教決断の時代』『宗教イノベーションの時代』〔共に幸福の科学出版刊〕として刊行）。

里村　そうですね。

大川隆法　教祖の霊言に関しては、広告を載せてくれなかったわけですね。

　新聞社には、「宗教間の争いが激化する可能性がある」という判断があったのかもしれませんし、「その宗教から攻撃等を受ける可能性がある」という恐怖もあったのかもしれません。教祖の霊言に関しては、新聞広告を出せなかったので、今回もそれと同じようになるかもしれませんね。

さらに、ロムニー氏がアメリカ大統領になった場合、日米関係の問題にまで発展する可能性もあるため、当会としては、難しい選択を迫られるでしょう。

　したがって、"政教分離"というか、「宗教的には問題があっても、政治的には方向性が合っているので、ロムニー氏とは協調する」という考えも可能かもしれません。

　あるいは、今回の収録によって、「宗教的にはおかしく見えるが、それは考え方の相違であり、許容できる」という結果になるかもしれません。

　先ほど述べた『モルモン書』成立の経緯を聞けば、誰であっても、創作のように思うでしょう。

　ただ、当会にも、「宇宙人の話」や「創世記の話」がたくさん出てきているため、ほかの宗教は、おそらく、「全部創作だ」と言うでしょう。そのあ

3 真実を求めて、教祖ジョセフ・スミスに訊く

たりは、お互い様であり、「信じない者は信じない。信じる者は信じる」という問題なのかもしれませんね。

私は、これまで、ジョセフ・スミス氏等と霊的にコンタクトしたことはありません。

今朝、念のため、エドガー・ケイシー霊（アメリカの予言者）とノーマン・ヴィンセント・ピール霊（アメリカの牧師・思想家）に、「霊言を収録したほうがよいと思うか」と訊いてみましたが、二人とも、「危ないかもしれません」という意見でした。どういう意味で、危険なのかは分かりませんが、そう言っていたのです。

ケイシー霊は、「私も、言い方によっては、アメリカのカルト宗教の教祖かもしれませんが、この問題は、触るとけっこう怖いかもしれません」と言っていました。

ただ、オバマ氏が大統領になるときにも、彼の守護霊にインタヴューするなど、いろいろと調査をしたので、今回も、いちおう調べておく必要はあるでしょう。

　もし、許容できないようであれば、ギングリッチ氏などを応援しなければいけないかもしれないし、オバマ大統領が方針転換をして、「アジアをしっかりと守る」と言うのであれば、もう少し"長生き"をして頑張ってもらう道もあるかもしれません。

　当会としては、そのあたりを読まなければいけないですね。

4 自分の死を自覚していない
　　ジョセフ・スミスの霊

ジョセフ・スミスの霊を招霊する

大川隆法　それでは、行きますか。

　田中さんは、モルモン教の経験が少しあるわけですね？

田中　はい。

大川隆法　本邦初公開です。私も、この人と話をしたことはありません。

　アメリカのモルモン教の開祖ジョセフ・スミスの霊を招霊したいと思います。

　（合掌し、瞑目する）

アメリカのモルモン教の開祖ジョセフ・スミスの霊よ。

　アメリカのモルモン教の開祖ジョセフ・スミスの霊よ。

　どうか、幸福の科学総合本部に降りたまいて、われらに、あなたの考え、あなた自身の目指しているもの、あるいは、信徒に述べたいこと、他の宗教を信じている者たちに対して言いたいこと、キリスト教全体について考えていること等がありましたら、お教え願いたいと思います。

　ジョセフ・スミスの霊よ。モルモン教の初代教祖ジョセフ・スミスの霊よ。

　どうか、幸福の科学総合本部に降りたまいて、われらに力をお貸しください。

　（約40秒間の沈黙）

4　自分の死を自覚していないジョセフ・スミスの霊

　Ｊ・スミス　Umm, umm, umm.
〔うーん、うーん、うーん。〕

　里村　失礼します。ジョセフ・スミス氏でしょうか。

　Ｊ・スミス　Umm, umm.〔うーん、うーん。〕

　里村　何か、つらいですか。

　Ｊ・スミス　Umm, umm.〔うーん、うーん。〕

　里村　日本語はお分かりですか。

　Ｊ・スミス　Umm, umm, umm. hah, hah.
〔うーん、うーん、うーん。はあ、はあ。〕

里村　英語で、お訊きしましょうか。

Ｊ・スミス　Hah, hah.（咳き込む）Umm, umm.
〔はあ、はあ。うーん、うーん。〕

「今はまだ 19 世紀半ばだ」と思っている

里村　体調はどうですか。〔通訳者が、質問者の発言を英語で言い直す。以下同様。〕

Ｊ・スミス　Of course, bad.〔もちろん最悪だ。〕

里村　最悪……。どのように悪いのですか。

Ｊ・スミス　I'm not wrong. Why?
〔私は間違っていないのに、なぜだ？〕

4　自分の死を自覚していないジョセフ・スミスの霊

里村　今、あなたは、誰かと話をしておられますか。

J・スミス　Of course, American people.
〔もちろん、アメリカ人だ。〕

里村　アメリカ人に、「私は間違っていない」とおっしゃっているということは、あなたは、人々から「間違っている」と言われているわけですか。

J・スミス　Why is it so difficult to teach my truth?
〔教えを説くのが、なぜこんなに難しいんだ。〕

里村　あなたは、今、ご自分がどういう状態にあ

るのか、お分かりですか。

Ｊ・スミス　I'm resisting, still now.
〔私は、今でも抵抗している。〕

里村　もしかして、あなたは、今、暴徒に襲われていませんか。

Ｊ・スミス　Mob? Yeah.〔暴徒？　そうだ。〕

里村　大勢の人が今、あなたを襲っていますか。

Ｊ・スミス　Yeah. It's finished. I'm leaving now but I'm upset. I'm the Jesus Christ of America. They crucified me again.
〔ああ。もう終わりだ。今、私は去ろうとしてい

4　自分の死を自覚していないジョセフ・スミスの霊

るが、しかし、憤慨している。私はアメリカのイエス・キリストなのだ。彼らは、私をまた十字架に架けた。〕

里村　あなたは、1844年に亡くなっておられますが、「今、自分は死んでいる」ということを分かっていらっしゃいますか。

J・スミス　It is the end of the century. The end. The last judgment. I came back again to the United States of America as a Savior to save all American people. I came back to America again. Why do they hurt me?
〔今は世紀末だ。世の終わり、最後の審判だ。私は、アメリカの救世主として再来したのだ。アメリカの救世主として、アメリカの人々を救うため

に帰ってきたのに、なぜ、彼らは私を傷つけるのか。〕

里村　「今、自分がいるのは、21世紀のアメリカだ」と思っていらっしゃいますか。

J・スミス　No.〔いいや。〕

里村　では、今は何年だと思っておられますか。

J・スミス　Maybe 1840, I can't say clearly. It's the middle of the century.
〔おそらく1840年だ、はっきりとは言えないが。19世紀半(なか)ばだ。〕

4 自分の死を自覚していないジョセフ・スミスの霊

暴徒に襲われたのを
「1時間前のことだ」と感じている

里村　ということは、あなたは、今、多くの人に殺されたときの意識のままで、時間が止まっていますね。そのことは理解できますか。

J・スミス　Oh, it's only been one hour since then. Just one hour.
〔それは、たった1時間前のことだ。ちょうど1時間だ。〕

里村　殺されたわけですね？

J・スミス　No, no, no. I'm alive. I'm still alive.
〔いや、いや、いや。私は生きている。私はまだ

生きている。〕

里村　あなたは、1844年に暴徒に襲(おそ)われて死んでいるのです。

J・スミス　No, no.（笑）Are you an Indian?〔いや、違う。おまえはインディアンか。〕

里村　私はインディアンではありません。

J・スミス　Why can you not speak English?（笑）〔なぜ英語を話せないのか。〕

里村　え？　私ですか？

J・スミス　Indian?（笑）〔インディアンだろう？〕

4　自分の死を自覚していないジョセフ・スミスの霊

里村　私は、日本人なので、日本語を使っています。

Ｊ・スミス　Japan? Japan?〔日本？　日本？〕

里村　日本をご存じですか。

Ｊ・スミス　Japan.... Japan?〔日本……。日本？〕

里村　あなたが亡くなった10年後ぐらいに、アメリカの艦隊が日本に来ています。

Ｊ・スミス　Ah, China, China, China?
〔中国、中国、中国？〕

里村　チャイナではなく、ジャパンです。

J・スミス　China? Korea?
〔中国？　朝鮮(ちょうせん)？〕

里村　No, no, no, not Korea. Japan.
〔いやいやいや。朝鮮ではなく、日本です。〕

J・スミス　It's a part of China.
〔中国の一部だろう。〕

里村　チャイナやコリアに近いですが、違います。アメリカから見たら、西のほうですが……。

J・スミス　I'm very busy, so I've never talked to Chinese people. Chinese or Indian, I don't

4　自分の死を自覚していないジョセフ・スミスの霊

know which you are, but you are not American.
〔私はすごく忙(いそが)しい。だから、中国人と話をしたことはないのだ。あなたが中国人かインディアンかは知らないが、アメリカ人ではないことは確かだ。〕

里村　Ok. Ok.〔分かりました。〕

J・スミス　I'm bleeding. I was crucified and I'm waiting. God shall invite me to the Heaven. There will be another Resurrection.
〔私は血を流している。私は十字架に架かり、待っている。神が天国から私を迎(むか)えに来るだろう。そして、また復活するのだ。〕

里村　しかし、まだ迎えは来ない……。遅(おそ)いです

ね？

J・スミス　Just one hour.〔まだ1時間だ。〕

里村　いやいや。もう170年ぐらいたっています。

J・スミス　You have a big mouth.（笑）
〔おまえはホラ吹きだ。〕

里村　いえ、"スモール マウス"です。本当ですよ。

J・スミス　（笑）I like you.
〔気に入ったよ。〕

里村　170年たってもまだ、お迎えが来ないようですが、なぜ遅れているのでしょうか。

4　自分の死を自覚していないジョセフ・スミスの霊

J・スミス　I don't believe so. It's only been one hour.
〔そんなことは信じない。たった1時間ではないか。〕

「暴徒に襲われた理由」を
どのように考えているのか

里村　なぜ、あなたは襲われたのですか。

J・スミス　Because I'm Jesus Christ. That's the reason.
〔なぜなら、私はイエス・キリストだからだ。それが理由だ。〕

里村　あなたは、イエス・キリストの生まれ変わ

りのつもりですか。

J・スミス Of course I am.

America is a promised country, so American people need new hope. It's a new Jesus Christ. It's not Canaan. It's here in America.
〔もちろん、そうだ。

アメリカは、約束の地である。だから、アメリカには、新しい希望が必要だ。それが、新しいイエス・キリストなのだ。約束の地は、カナンではなく、アメリカにある。〕

里村 あなたは、ご自分のことを、新しい"イエス・キリスト"だと思っておられるようですが、そのあなたが、なぜ、人々から襲われているのですか。

4 自分の死を自覚していないジョセフ・スミスの霊

J・スミス　It's the same reason as Jesus Christ.〔それは、イエス・キリストが襲われた理由と同じだ。〕

里村　具体的に教えていただけますか。イエスは、「ユダヤの律法を無視した」とされて罪に問われましたが、あなたも、何か、そうしたことをされたのですか。

J・スミス　Same reason. A lot of mob said that they believed in Christianity and persecuted me.〔同じ理由だ。大勢の暴徒たちが、「自分たちはキリスト教を信じている」と言いながら、私を迫害したのだ。〕

里村　それはおかしいです。あなたも、「イエス

を信じる」と言っておられましたよね？

Ｊ・スミス　I myself is Jesus Christ.
〔私自身がイエス・キリストなのだ。〕

里村　あなたは、また、「永遠の父なる神も信じる」と言っておられましたよね？

Ｊ・スミス　It's almost same.
〔ほとんど同じことだ。〕

里村　なぜ、キリスト教徒が多いアメリカで、あなたは襲われなければいけないのですか。

Ｊ・スミス　I'm innocent.〔私は無実だ。〕

4　自分の死を自覚していないジョセフ・スミスの霊

里村　「無実だ」とおっしゃっても、襲われる理由があるはずでしょう。なぜ、キリスト教徒たちは、"キリストの再来"と言っている、あなたを襲うのですか。

J・スミス　Now, Christianity is Jewish; Old Testament-believers these days. That's right.
〔最近では、クリスチャンというのは、"ユダヤ人"、つまり、"『旧約聖書』を信じている者たち"のことを言うのだ。そのとおりだ。〕

里村　アメリカ大陸に渡(わた)った人たちは、そういう人ばかりではないでしょう？

J・スミス　The Book of Mormon is the New Testament.

〔『モルモン書』こそが、"新約聖書"なのだ。〕

5 モルモン教の「教え」の核心に迫る

インディアンへの人種差別は当然なのか

里村　問題は、『モルモン書』にあると思います。『モルモン書』は……。

J・スミス　It's the truth.〔それは真理だ。〕

里村　『モルモン書』は、あなたが考えて、つくり出したものですよね？

J・スミス　No. No.〔そんなことはない。〕

里村　創作なのではありませんか。

J・スミス　No. No. No.〔違う、違う、違う。〕

里村　では、『モルモン書』とは何ですか。あなたがたの主張によれば、5世紀にアメリカ大陸に埋められたものを、19世紀にあなたが見つけたことになっています。

J・スミス　Yeah. That's true.
〔そう、そのとおりだ。〕

里村　そんなことはないのではありませんか。

J・スミス　Great Angel Moroni told me.
〔大天使モロナイが私にそう言った。〕

里村　モロナイは、どのような格好をしていましたか。

5　モルモン教の「教え」の核心に迫る

Ｊ・スミス　Umm. Great angel.
〔うーん。偉大な天使だ。〕

里村　繰り返しますが、その天使は、どのような格好をしていましたか。羽はありましたか。

Ｊ・スミス　He might be greater than Saint Michael.
〔彼は、聖ミカエルよりも、偉大な天使ではないかな。〕

里村　モロナイは羽を持っていましたか。

Ｊ・スミス　Of course.〔もちろん。〕

里村　その羽はどのような羽でしたか。白く輝くような羽ですか。

Ｊ・スミス　Are you an Indian?〔おまえはインディアンか。〕

里村　いえ、日本人です。

Ｊ・スミス　Awawawawawa.〔アワワワワワ。〕（口に手をやり、インディアンの雄叫びのまねをする。）

里村　あなたがたは、インディアンに対して偏見を持っておられましたよね？

Ｊ・スミス　Of course.〔当然だ。〕

5　モルモン教の「教え」の核心に迫る

里村　人種差別がありましたね？

Ｊ・スミス　Umm. It's a long story.
〔うーん。話せば、長い話だ。〕

里村　短く話すと、「先住民族は、罪を犯したがゆえに、有色人種になった」ということですか。

Ｊ・スミス　Yeah.〔そのとおりだ。〕

里村　全然、長くないではありませんか。短いです。

Ｊ・スミス　No, no, no. You should read the Book of Mormon.

〔そうではない。おまえは、『モルモン書』を読むべきだ。〕

信じられるのは「白人のアメリカ人」だけ？

里村　もう一度、お伺いしますが、あなたは『モルモン書』を掘り返したということですが……。

Ｊ・スミス　Of course.〔もちろん。〕

里村　これは創作ですね？

Ｊ・スミス　Definitely not. The great angel taught me. "Dig this place." Then there appeared the golden testament.
〔そんなことは決してない。大天使が私に教えたのだ。「ここを掘れ」と。そうしたら、金版が現

れたのだ。〕

里村　その金版は、あなたが宝石を使って、英語に翻訳(ほんやく)されたのですか。

Ｊ・スミス　Umm……. Indian!
〔うーん……。インディアン！〕

里村　答えてください。

Ｊ・スミス　You are a bad Indian.
〔おまえは、悪いインディアンだ。〕

里村　いえ。グッド・ジャパニーズ（よい日本人）です。どのように翻訳されたのですか。

J・スミス　Believe in me. Believe in me.
〔私を信じなさい。私を信じなさい。〕

里村　翻訳の話は、都合が悪いのですか。

J・スミス　By translating it, I just wanted to make it easier for everybody to understand my story. But I myself read the Book of Mormon through my spiritual eyes.
〔翻訳することによって、私は、金版に書いてある内容を、人々に分かりやすいようにしたかっただけだ。ただ、私自身が、『モルモン書』を霊的な目で読んだ。〕

里村　金版の文字は、どのような言語だったのですか。

5　モルモン教の「教え」の核心に迫る

J・スミス　It's very different. Like the letters that were written on the Rosetta Stone.
〔かなり違う言葉だ。ロゼッタストーンに書かれている言葉に似ていたような気がする。〕

里村　あなたが翻訳したあと、金版はどうなりましたか。

J・スミス　Disappeared.〔消えた。〕

里村　いや、それは、最初からなかったのではないですか。

J・スミス　You are an unhappy non-believer.
〔おまえは不幸な不信心者だ。〕

里村　ええ。私は、『モルモン書』を信じていません。そう、おっしゃるのなら、どうか、「『モルモン書』が真実だ」という証拠を教えてください。

J・スミス　You are an Indian or a Chinese. I believe in white Americans only.
〔おまえはインディアンか中国人だろう。私は白人のアメリカ人だけを信じる。〕

里村　いいえ、私は日本人です。問題はそこなのです。なぜ、白人だけを大切にするのですか。

J・スミス　You should read the history book of Mormon. People other than the white Americans, colored people persecuted us, real

believers of the real teaching of Jesus Christ. When we came to America at that time, they massacred us. At that time they were bad people. They all went down to Hell.
〔おまえは、『モルモン書』の歴史を読むべきだ。白人のアメリカ人以外の有色人種が、私たち、すなわち、イエス・キリストの真の教えを信じる"真の信仰者たち"を迫害したのだ。私たちがアメリカに来たとき、彼らは、私たちを皆殺しにした。当時、彼らは悪い人々だった。彼らは、みな、地獄に堕ちたのだ。〕

里村　あのー……。

J・スミス　You too!〔おまえもだ！〕

里村　すべての人が、神の性質を持っているのではないですか。神は、白人だけのものですか。

Ｊ・スミス　God means Joseph Smith.〔神とは、ジョセフ・スミスのことだ。〕

"天使"と出会ったときの状況(じょうきょう)は、
『コーラン』の記述とそっくり

里村　あなたの前に現れたモロナイは、いったい何者ですか。

Ｊ・スミス　My servants.〔私の僕(しもべ)だ。〕

里村　その僕には、尻尾(しっぽ)はありませんでしたか。

Ｊ・スミス　Horses?〔馬か。〕

5 モルモン教の「教え」の核心に迫る

里村　では、あなたが"天使"と会ったときの状況について教えてください。

J・スミス　I am number one in Heaven.
〔私は天国でナンバーワンだ。〕

里村　私が訊いているのは、あなたが"天使"と会ったときの状況です。

J・スミス　I'm not a servant. Angels are servants.
〔私は僕ではない。天使が僕なのだ。〕

里村　そのときの状況ですが、アメリカのモルモン教の公式ホームページには説明があって、日本の公式ホームページには省略されている部分があ

るようです。

Ｊ・スミス　Why?〔なぜ？〕

里村　非常に特異なシチュエーションだからではないですか（田中に質問を促す）。

田中　こんにちは。私は、昔、日本で……。

Ｊ・スミス　Japanese Indian?
〔日本のインディアンか。〕

里村　インディアンではありません。

田中　私はモルモンのビリーバー（信者）でした。

5　モルモン教の「教え」の核心に迫る

J・スミス　Uh-huh.〔はあ。〕

田中　以前、モルモン教を信じていたことがあります。

J・スミス　Before! Now you belong to the Devil.
〔以前！　今は悪魔(あくま)に属しているのか。〕

田中　当時、モルモン教の教会で聞いたことで、今日、ミスター・ジョセフ・スミスに、ぜひ教えていただきたいことがあります。
　まず、あなたが、最初に、神のような存在に会う前のことです。アメリカのモルモン教の公式ホームページには、こう書いてあります。日本語に訳しますと……。

「何かの力が私につかみかかってきた。私はその力にすっかり捉えられてしまって、舌が固まってしゃべれなくなった。それから、濃い闇が私を包んだ。そして、しばらくの間、もう死んでしまいそうだった」。

　これは本当ですね？

Ｊ・スミス　（笑）

里村　濃い闇があなたを包んだわけですね？

Ｊ・スミス　（笑）

田中　どうしたのですか。

Ｊ・スミス　It's written in the Koran.（笑）

5　モルモン教の「教え」の核心に迫る

〔それは『コーラン』に書かれていることだ。〕

田中　あなたは、『コーラン』をまねして、これを書いたわけですか。

J・スミス　（笑）

里村　これは、『コーラン』からパクッた話ですか。

J・スミス　Uh-huh. Paku?〔はあ。パク？〕

田中　「盗んだ」という意味です。

J・スミス　Mr. Paku?（笑）〔パク氏？〕

里村　シェークスピアの文章が、あなたの聖典の

なかに出てくるのも……。

J・スミス　I studied hard. I know a lot.
〔私はよく勉強したから、何でも知っているのだ。〕

里村　すると、『モルモン書』というのは、ほかの宗教の聖典、あるいは、有名な文学や戯曲から盗ってきて、寄せ集めたものなのですね。

J・スミス　Ah, ah, umm, Indian, behave yourself.
〔ああ、ああ、うーん。インディアン、行儀をよくしなさい。〕

里村　私の質問に答えてください。

J・スミス　Why? I'm God.

5　モルモン教の「教え」の核心に迫る

〔なぜだ？　私は神だぞ。〕

里村　多くの人が真実を知りたがっています。ぜひ答えてください。『モルモン書』は、ほかのものから、いろいろな記述を寄せ集めたものですよね？　今、あなたは、「一生懸命、勉強した」とおっしゃいました。

J・スミス　All real knowledge came from Heaven.
〔すべての真実の知識は、天国から来たのだ。〕

「アメリカには新しい神が必要である」と考えている

里村　もう一つ、お伺いします。
　あなたは、14歳のとき、イエス・キリストが現

れて、「すべての教会は間違っている」と告げられたそうですが、そうすると、「キリスト教は間違っている」ということですか。

Ｊ・スミス　Awawawawawa.〔アワワワワワ。〕

里村　あなたは都合が悪くなると、私たちのことを、すぐインディアン扱いしますね。

Ｊ・スミス　Yellow Indian. You don't know about Christianity.
〔黄色いインディアンめ。おまえはキリスト教のことを知らないだろう。〕

里村　では、教えてください。

5 モルモン教の「教え」の核心に迫る

J・スミス　Jesus Christ is still living.
〔イエス・キリストはまだ生きている。〕

里村　どこでですか。

J・スミス　So Jesus Christ is active. Now, in 1840, he's still active and teaching me.

Through me, he wants to spread his real teaching to the people who are told as Christians. But they are deceived by professional teachers of Christianity. Christians are deceived by them. So I must reveal the false of them and that is the reason they are my enemies.
〔イエス・キリストはまだ活動している。今は1840年だが、イエス・キリストはまだ活動していて、私を教えてくれている。

彼は、私を通して、「真実の教え」を、クリスチャンと呼ばれる人々に伝えたがっている。しかし、人々は、キリスト教のプロの聖職者に騙されている。キリスト教徒たちは、騙されているのだ。だから、私は、彼らの間違いを暴かなければならないし、だからこそ、彼らは、私の敵となっているのだ。〕

田中　「真実の教え」とおっしゃいますが、私が日本のモルモン教に行ったとき、人を幸せにする「心の教え」については、聞いた記憶がありません。モルモン教にとって、「人を幸せにする教え」とは、いったい、何ですか。

Ｊ・スミス　Stop coffee, stop tea, stop smoking, and believe me.

5 モルモン教の「教え」の核心に迫る

〔コーヒーを飲まないこと。お茶を飲まないこと。タバコを吸わないこと。私を信じること。〕

田中　まさにそうです。私が覚えているのは、「コーヒーも、お茶も、紅茶も飲んではいけないし、タバコも吸ってはいけない」という教えと、「モルモンが正しい」という教えだけです。この2点しか聞いた記憶がありません。

J・スミス　And be kind to others.
〔それと、他人に優しくすること。〕

田中　それも、少しはありましたが。

里村　なぜ、コーヒーや紅茶は駄目なのですか。

J・スミス　Caffeine.

It hurts your brain. Your dull brain will become worse and worse. It's truth. You can understand.

〔カフェインがあるからだ。

カフェインは、おまえの脳の働きを悪くする。おまえのバカな頭脳が、もっとバカになるだろう。それは本当だ。分かるだろう。〕

里村　それは、「心の教え」ではなく、単なる健康法ですね。

J・スミス　That's part of my teachings.

The true teaching is that the United States of America, this great country, requires a new God or original God because we are a prospective

5 モルモン教の「教え」の核心に迫る

country, but people say that God or envoys of god is born in the Middle East or Europe but not America. It's not so good for us.
〔それは、私の教えの一部分である。

　真実の教えとは、「アメリカという偉大な国には、新しい神、あるいは、独自の神が必要である。なぜなら、アメリカは有望な国だからだ」というものである。しかし、人々は、「神や神の使徒は、中東やヨーロッパに生まれるのであり、アメリカには生まれない」と言っている。それは、私たちにとって、よいことではない。〕

里村　あなたは、ご自分のことを"新しい神"とおっしゃっていますが、新しいことは何も説いていません。

J・スミス　I'm right.

America is a huge country and a light of the world now. So it needs a beginning of light. The beginning started in the 19th century. The starting point of this prosperous country starts from Joseph Smith.

〔私は正しい。

　アメリカは巨大な国であり、今では世界の光である。光には、始まりが必要だろう。その始まりこそが、19世紀なのだ。この国の繁栄の出発点は、ジョセフ・スミスだったわけだ。〕

6　言動に見る
　　「イエス・キリストとの違い」

**信徒が起こした
略奪や虐殺などの事件について、どう思うか**

里村　あなたは、たくさん迫害されましたよね？

Ｊ・スミス　Like Jesus Christ.
〔イエス・キリストのようにね。〕

里村　そうではないのです。あなたがたモルモン教徒が、初期のころ、信徒以外の人々に対して、略奪や虐殺などの事件をたくさん起こしたからですよ。行動がおかしいではないですか。イエスは、「強盗をやれ」とは、一言もおっしゃっていませんよ。

J・スミス　When Jesus Christ and his disciples were hungry, they took food from other people, and you know, when he went into Jerusalem, he stole the small donkey. Yeah. You know, it means manuke in Japanese.
〔イエス・キリストとその弟子たちは、お腹が空いたとき、他の人から食べ物を調達した。おまえも知っているとおり、彼は、エルサレムに行ったとき、小さなロバを盗んだ。そう。それは、日本語では「間抜け」という意味のやつだ。〕

里村　ロバに乗って、エルサレムの神殿に行ったときですね？

J・スミス　Yeah, he stole it.

6 言動に見る「イエス・キリストとの違い」

〔そう。そのとき、彼は盗んだ。〕

里村　いいえ、違います。イエスは、弟子に、「持ってこい」と言われたのではなく、「借りてきなさい」と言われたのです。食べ物にしても、イエスは、奇跡によって、多くの人に食料を提供されたのです。

J・スミス　No, no.〔いや、いや。〕

里村　イエスは、エルサレムの神殿で商売をし、神殿を荒らしている物売りを叱っておられますよ。あなたたちのしていることと、まったく逆ではありませんか。

J・スミス　It's the same. He destroyed a sacred

place.
〔同じだ。彼は、聖なる場所を破壊した。〕

里村　違います。それは、神殿の掃除をしたのです。

Ｊ・スミス　Me too.〔私もそうだ。〕

里村　いやいや。あなたがたは、何の罪もない人を襲ったのです。そして、財産を奪ったのです。
　また、あなたがたは、「一人の男性が複数の女性と結婚する」という一夫多妻制をとっていましたが、当時のアメリカ国民から、すごく、反感を買いましたよね？

Ｊ・スミス　　You have envy. I know. You

6　言動に見る「イエス・キリストとの違い」

are....
〔うらやましいのだろう。知っているぞ、おまえは……。〕

里村　いえいえ。私は、もう、一人で十分です。

Ｊ・スミス　Uh-huh. Poor people.
〔はあ。あわれな人々よ。〕

里村　どうして、そういうことをしたのですか。

Ｊ・スミス　You need money and you need woman, I know.
〔おまえは、お金も欲しいし、女性も欲しいのだろう。知っているぞ。〕

85

里村　結構です。もう、欲しいとは思っていません。

Ｊ・スミス　You can.〔できるよ。〕

里村　いえいえ。もう。

Ｊ・スミス　Yes, you can.〔できるんだよ。〕

里村　今は、私のことなど、どうでもよいのです。

イエス・キリストは、サマリア人を差別したのか

里村　あなたは、「自分は"新しい神"である」と言いながらも、やっていたことは、実は、イエスとは違っていたのです。

6 言動に見る「イエス・キリストとの違い」

J・スミス　The truth comes first. It's essential. Others are not important.
〔真実が先に来る。それが重要である。ほかのことは、どうでもよいのだ。〕

田中　イエス・キリストは、肌の色で人を差別されていませんが、あなたは、肌の色で人を差別しています。そして、「アメリカの白人がいちばん大事だ」と言っています。あなたは、救世主ではなく、白人のアメリカだけを守り立てたいのではありませんか。

J・スミス　Do you remember the tale of the Samaritan?
〔サマリア人の話を覚えているか。〕

田中　Yes.〔はい。〕

J・スミス　　Even Jesus Christ discriminated Samaritans at the time. It's a common thinking of Jewish people at the time.
〔当時、イエス・キリストでさえ、サマリア人を差別したではないか。それは、ユダヤ人の間では、常識的なことだったのだ。〕

里村　いや、しかし、善きサマリア人の譬えもありますよね？　イエスは、決して、サマリア人を差別していたわけではありません。

J・スミス　It's an exception.〔それは例外だ。〕

6 言動に見る「イエス・キリストとの違い」

里村　イエスは、民族を超えて、サマリア人などにも教えを伝えましたが、そのことが、伝統的なユダヤ人から問題にされたのです。

J・スミス　No.〔違う。〕

里村　あなたは、むしろ、イエスを迫害したほうのユダヤ人にそっくりです。

J・スミス　He said "even Samaritan." He said so.
〔イエスは、「サマリア人でさえ」と言った。そう言ったぞ。〕

里村　それは、当時のユダヤ人社会のなかでの言い方です。イエスの教えは、実際に民族を超えた

のです。

Ｊ・スミス　Indian. Awawawawawa.
〔インディアンめ。アワワワワワ。〕

里村　どうか、質問に答えてください。

Ｊ・スミス　You stole a lot of wealth from white Americans. So you should apologize to them. Awawawawawa.
〔おまえたちは、白人のアメリカ人から、たくさん財産を盗んだだろう。だから、彼らに謝るべきだ。アワワワワワ。〕

ジョセフ・スミスを導いていたのは、どのような霊存在か

里村　先ほどから話を聞いていると、あなたは、インディアンに対する蔑視を持っておられますよね。あなたを導いていた霊存在は、とても、普遍的な神とは思えません。

　教えてください。誰が、あなたを導いていたのですか。

Ｊ・スミス　Moroni.〔モロナイだ。〕

里村　モロナイとは、どのような存在ですか。

Ｊ・スミス　Great angel.〔大天使だ。〕

里村　もう一度、お訊きします。そのモロナイは、どのような格好をしていましたか。

J・スミス　It's beyond description.
〔言葉では言い尽くせない。〕

里村　本当は、姿が見えなかったのではないですか。

J・スミス　He is not like you.
〔おまえのような姿ではない。〕

里村　真っ暗ななかで、声だけが聞こえてきたのではないですか。

J・スミス　Yeah, first I heard the voice of the

angel.
〔そうだ。最初は、天使の声を聞いた。〕

里村　声だけなのに、なぜ、天使だと思ったのですか。

J・スミス　Because he showed me the great New Testament of Mormon.
〔モロナイが、私に、モルモンの偉大な"新約聖書(いだい)"を見せたからだ。〕

里村　あなたは、生前、「永遠の父なる神を信じよ。イエスを信じよ、聖霊を信じよ」とおっしゃっていますが、永遠の父なる神とは、どういう存在ですか。

J・スミス　It's Jesus Christ and Joseph Smith and Yahweh.
〔それは、イエス・キリストと、ジョセフ・スミスと、ヤーウェだ。〕

里村　ヤーウェが、あなたにインスピレーションを送ってきたのですか。

J・スミス　No. Through Moroni.
〔いや、「モロナイを通して」だ。〕

里村　ヤーウェというのは、エンリルという神ではないですか。

J・スミス　I don't know.〔私は知らない。〕

6 言動に見る「イエス・キリストとの違い」

里村 ヤーウェは、モロナイを通じて、あなたに、「人を裁け」「裁きを与えよ」ということを言ったのではないですか。

J・スミス I showed you a lot of love through my deeds. I loved a lot of ladies and I loved equally all of them. So I'm the real messenger of love and God.
〔私は、行いを通して、多くの愛を示した。たくさんの女性を愛したし、彼女らを、みな平等に愛した。だから、私は、愛と神の真なるメッセンジャーである。〕

里村 単に「女性が好きだった」ということではないですか。

J・スミス　You too.〔おまえもだろう。〕

里村　いえ、私は、妻は一人で十分です。
　あなたの後を継いだブリガム・ヤング氏も、同じことをしました。あなた以上に、たくさんの女性と関係を持ち、子供をたくさんつくっています。

J・スミス　That is love.〔それが愛だ。〕

里村　今、モルモン教は、一夫多妻制を封印しています。信者には、「それをしたら破門にする」と言っているようですが。

J・スミス　As you know, in the Old Testament, Abraham and a lot of prophets have a lot of wives, and it's written in the Old Testament

6　言動に見る「イエス・キリストとの違い」

that God urged them to take a lot of wives for the prosperity of their believers. So did I.
〔おまえも知っているように、『旧約聖書』を見ると、アブラハムや多くの預言者は、たくさんの妻を持っている。『旧約聖書』には、「神は、たくさんの妻を持つように指示された」と書かれている。それは信仰者が繁栄するためだ。だから、私も同じようにしたのだ。〕

里村　アブラハムの時代はそうですが、モーセの十戒には、「汝、姦淫するなかれ」、すなわち「人の妻を奪うなかれ」という戒めもありますよね？

J・スミス　Moses had at least two wives.
〔モーセには、少なくとも二人の妻がいたはずだ。〕

7　真実に目覚めるように説得を試みる

共和党の大統領候補
ロムニー氏については知らない

里村　あなたは、天国と地獄、霊界の存在を信じておられますか。

J・スミス　Oh, of course.〔もちろん。〕

里村　魂が永遠であることも信じておられますか。

J・スミス　Of course.

And the deceived Christians are scheduled to go to Hell, and I must save them, their souls.

〔もちろんだ。
　騙されたキリスト教徒たちは、みな、地獄に行くことになっているから、私は、彼らを、彼らの魂を救わなければならないのだ。〕

里村　さらにお訊きしますが、あなたの周りは、どのような感じですか。今、どのような環境におられるのですか。

J・スミス　I was attacked by a mob just one hour ago.
〔私は１時間前に、暴徒に襲われた。〕

里村　あなたが死んでから、もう170年近くたっています。あなたは、ご自分が死んだことに気がついていません。宗教的に言えば、あなたは、「迷っ

ていて、地獄にいる」ということです。

J・スミス　No.〔違う。〕

里村　あなたは天国に行けずにいます。

J・スミス　No, no, no…. This is the end of the day. This is the end of the century. This is the end of human history.
〔違う、違う、違う。これこそが、世界の終わりであり、世紀の終わりであり、人類の歴史の終わりだ。〕

里村　時間がたっていることの証明として、一つ、申し上げましょう。
　今、モルモン教の信者が、アメリカ大統領選に

7 真実に目覚めるように説得を試みる

出ようとしています。そのことは、ご存じですか。

Ｊ・スミス　Umm.〔うーん。〕

里村　2012年にアメリカ大統領選があるのですが、今、共和党の候補者として、ロムニー氏というマサチューセッツ州の前知事が出てきていることを、ご存じありませんか。この方は、モルモン教徒なのです。

Ｊ・スミス　Presidency?〔大統領の職に？〕

里村　「大統領選に」です。

Ｊ・スミス　Oh, I am scheduled to be the president of the United States of America.

〔私は、アメリカの大統領になる予定だ。〕

里村　いや、あなたではありません。あなたは、死んでから、もう170年近くたっておられるのです。

　2012年の大統領選挙には、ロムニー氏という方が出ようとしているのです。

Ｊ・スミス　Hum.〔ふーん。〕

里村　「今、起きていることに気づいていない」ということは、あなたは、「残念ながら、天国に行っていない」ということです。

Ｊ・スミス　You are a story-teller, right?〔おまえは、作り話を言っているのだろう。〕

7　真実に目覚めるように説得を試みる

里村　作り話ではありません。

死後、約170年たってなお、
「3日後には復活する」と考えている

里村　今日は2011年12月28日です。「暴徒に襲われてから1時間」というわりには、ものすごく長い時間がたったような気はしませんか。

J・スミス　But I can see my blood.
〔しかし、私には自分の血が見える。〕

里村　今、あなたが見ている手は、血だらけですか。

J・スミス　Yes.〔そうだ。〕

里村　しかし、実際は、血が付いていませんよね？

Ｊ・スミス　Hmm?〔ん？〕

里村　それは、あなたの体ではないのです。あなたは今、スピリチュアルな存在になっています。「これに気がつかない」ということは、「あなたは宗教指導者ではない」ということを示しています。

Ｊ・スミス　But someone shot me.
〔しかし、誰かが私を撃ったのだ。〕

里村　そうだとしても、今、血も流さずに、普通に話ができているではないですか。

7　真実に目覚めるように説得を試みる

Ｊ・スミス　I am Jesus Christ so I can cure myself.
〔私はイエス・キリストだから、自分を治すことができる。〕

里村　真実は、今、大川総裁の体に入っているから、治っているように見えているだけです。実は、さっきまで"血を流して"いたのでしょう？

Ｊ・スミス　Just one hour.
〔たったの１時間じゃないか。〕

里村　非常に失礼な言い方ですが、あなたには、「霊界とは何か」が分かっていないし、「人の死とは何か」も分かっていません。そういう人の説いた宗教を多くの人が信じているというのは、少し

悲しいことだなと思います。

J・スミス　In the near future, maybe three days later, you can see the miracle of Resurrection of Joseph Smith, and at that time, the new age shall start and the New Testament should be added to my Book of Mormon. The new Jesus Christ will be born in America. The new Jesus Christ.

　Wait three days. Just one hour. You must be patient.
〔近いうちに、おそらく３日後に、おまえたちは、「ジョセフ・スミスの復活」という奇跡(きせき)を目(ま)の当たりにするだろう。そのとき、新しい時代が始まり、私の『モルモン書』に、"新約聖書"が書き加えられるのだ。新しいイエス・キリストが、ア

7 真実に目覚めるように説得を試みる

メリカに生まれるだろう。新しいイエス・キリストだ。

　3日待て。まだ、たったの1時間ではないか。おまえは辛抱(しんぼう)しなければならない。〕

里村　あなたに、本当のことをお伝えしましょう。あなたの死後3日たっても、何も奇跡は起きませんでした。復活は起きなかったのです。あなたの言う"新しい時代"も、別に始まったわけではありません。

　そして、モルモン教は、キリスト教徒の一部から、いまだに、「カルト」といわれるような状況(じょうきょう)にあります。確かに、170年がたち、初期に比べれば信者数は増えていますが、あなたは、イエス・キリストの再来とは思われていません。これが2012年の現実です。

もう一度、言います。3日たっても奇跡は起きなかったのです。

　Ｊ・スミス　But Mr. Young is scheduled to be the new Moses.
〔しかし、ヤング氏が、新たなモーセとして、活躍することになっている。〕

里村　確かに、ブリガム・ヤング氏が、あなたの後を継ぎ、一部のモルモン教の信者から、「現代のモーセ」と言われました。ということは、あなたは復活しなかったのです。

　ちなみに、「現代のモーセ」と言われたブリガム・ヤング氏も、虐殺事件など、いろいろな問題を起こしています。彼の宗教者としての資質には、疑問が投げかけられています。

7　真実に目覚めるように説得を試みる

J・スミス　Umm.〔うーん。〕

質問者が"悪魔の弟子"に見えている

里村　あなたは、まだ気がついておられませんが、これが、あなたの死後に起きた現実なのです。そのことが、まったくお分かりになっていませんよね？

J・スミス　I might be the Father of Heaven.〔私こそ、天の父かもしれない。〕

里村　あなたは"天の父"と言われますが、あなたに仕える天使などいないと思います。イエスも来ないですよね？

J・スミス　Umm.〔うーん。〕

里村　今、地上には、エル・カンターレという神が現れています。あなたには、エル・カンターレの声が届いていますか。

J・スミス　Umm. Umm. Umm.
〔うーん。うーん。うーん。〕

里村　分からないのですね？

J・スミス　I am the original God of the New America!
〔私は、新しいアメリカの、オリジナルの神なのだ！〕

7　真実に目覚めるように説得を試みる

里村　アメリカの神であるならば、あなたに従う天使がいるのではありませんか。

J・スミス　I don't understand what you mean.
　Then, I'll ask you. Are you an angel? Definition, I want to know the definition of an angel. Are you an angel?
〔何を言っているのか、よく分からない。
　では、訊くが、おまえは天使か。天使の定義をしてみよ。おまえは天使か。〕

里村　天使というのは、神の側(そば)近き人のことです。私は、天使を目指している者です。

J・スミス　You are a foxy person, and you must be a disciple of the Devil.

111

〔おまえは、ずるい人間だ。悪魔の弟子に違いない。〕

里村　私が「悪魔の弟子に見える」ということは、あなたは「悪魔の側に立っている」ということですよ。私は、仏陀の弟子です。

Ｊ・スミス　Are you Angel? Angel?
〔おまえは天使か。天使なのか。〕

里村　私は、神の側に立つ者です。あなたには、「神、あるいは神に仕える人が悪魔に見える」ということは、あなたは「悪魔の側に立っている」ということです。

Ｊ・スミス　Ok, then, I'll explain.

7　真実に目覚めるように説得を試みる

You have been talking about my bad points and you have spoken ill of me the entire time. Is this the deed of an angel?
〔では、説明しよう。

　おまえは、ずっと、私の悪いところをあげつらい、私の悪口ばかり言ってきたが、それが天使のすることか。〕

里村　あなたに、真実に気がついてほしいから、言っているのです。そして、天国に還(かえ)ってもらいたいのです。簡単には還れないかもしれませんが。

　最後に、お訊きします。あなたが、アメリカで、新しい神になろうとした目的は、いったい、何だったのですか。モルモン教という宗教を始めて、アメリカをどうしたかったのですか。

J・スミス　America is a new country with a short history and is now looked down upon by European traditional counties. American people are thought to be barbarians. So they need a new God and a new belief. That's the reason.

〔アメリカは、歴史の短い、新しい国である。そして、今、昔ながらのヨーロッパの国々から、見下されている。アメリカ人は、野蛮人(やばんじん)だと思われているのだ。だから、アメリカ人には、「新しい神」「新しい信仰(しんこう)」が必要なのだ。それが理由だ。〕

里村　あなたは、そう言われていますが、その後、アメリカには、リンカンなどの政治家が生まれています。そして、モルモン教とは関係なく、アメリカは、世界から尊敬される国になっていったの

7　真実に目覚めるように説得を試みる

です。つまり、アメリカに、あなたの宗教は必要がなかったし、あなたが神として現れる必要もなかったのです。

Ｊ・スミス　You are the Devil.
〔おまえは悪魔だ。〕

里村　いえ、私は悪魔ではありません。今日は、あなたに真実を伝えたのです。

Ｊ・スミス　I'm sure. Certain.
〔間違いない。確かだ。〕

里村　あなたが死んだあと、アメリカには、リンカンという偉大な大統領が現れました。そのときに、南北戦争が起きましたが、リンカンは奴隷を

解放し、アメリカの人種差別をなくしていったのです。さらに、20世紀には、世界で最も繁栄する国になりました。こうしたことは、モルモン教とまったく関係がありませんでした。

J・スミス　It's my story.
〔それは、私の話ではないか。〕

里村　アメリカの発展は、残念ながら、あなたとは関係がないところで進みました。それは、アメリカの人々が努力したからです。今や、アメリカは大国になり、ヨーロッパにも負けないような国になっています。

J・スミス　Umm.〔うーん。〕

7　真実に目覚めるように説得を試みる

里村　どうか、一度、そうした事実や、「今、自分はどういう状況にあるか」ということをよく考えてみてください。周囲を見て、ご自分が亡くなられたことに早く気がついてください。1時間ではありません。もう170年がたとうとしています。

J・スミス　Umm.〔うーん。〕

里村　お帰りになって、ゆっくりと考えてみてください。

J・スミス　Umm.〔うーん。〕

里村　今日は、本当にありがとうございました。ジョセフ・スミスさん、あなたとお話ができ、たいへん光栄でした。ありがとうございました。

大川隆法　(J・スミスに) ありがとうございました (2回、手を叩く)。

8　ジョセフ・スミスの人物像を振り返る

時間が止まっていたジョセフ・スミスの霊

大川隆法　彼は、「拳銃で撃たれて1時間しかたっていない」という認識でいるようです。質問者の言っていることが理解不能であり、すべて創作のように聞こえていましたね。

　まあ、最近、呼んだ霊には、死後、"時間が止まっている人"が多いですけれども。

里村　はい。だいたい止まっていました。

大川隆法　金正日は末期の状態のままで出てきましたし（『北朝鮮――終わりの始まり――』〔幸福の科学出版刊〕第1章参照）、以前は丸山眞男もそうでしたね（『日米安保クライシス』〔幸福の科学出版刊〕

第1章参照)。

里村　宗教学者の岸本英夫教授（1903〜1964）もそうでした。

大川隆法　みな一緒ですよね。ということは、この人にも、生前、霊的なものへの理解があまりなかったわけですか。うーん。

　まあ、おそらく、1800年代半ばのアメリカには、「この世の終わりが来る」という一種の世紀末思想があったのでしょう。

　最近も、「世紀末に、もう一度、キリストが雲に乗って人々を救いにやって来る」というような思想がありましたが、この人も、何かそのつもりで出て、「十字架に架かった」と思っているようです。

里村　はい。

前世で「インディアンに嵌められて殺された」？

大川隆法　また、この感じでいくと、この人は、かなり確信犯のように思われますね。

里村　はい。自分の神秘体験についての記述も、『コーラン』から取ったかのように言っていました。

大川隆法　「10代から"神の声"が聞こえた」と言っていることからすると、おそらく、何らかの声が聞こえていたのでしょうが、それが、何の声だったかが問題ですよね。

　それは、本当に、「神の声」や「神の代理人の声」

だったのか。それとも、キリスト教会を迷わせようとする者の声だったのか。

　ただ、彼が実際に行ったことを見ると、どうでしょうか。

　ところで、彼は1800年代の人でしょう？

里村　はい。

大川隆法　アメリカ建国は1700年代後半ですが、1600年代初頭にアメリカへの入植が始まって以降、白人たちは、西部開拓を行い、先住民族のインディアンを追い払っていきました。その間、インディアン狩りがそうとう行われたため、インディアンの人口はものすごく減っています。

　こうした歴史的背景から推定するに、ジョセフ・スミスの前世は、「白人から迫害を受けていた側

の人」というよりは、意外に、「インディアンをどんどん追いやる側にいて、彼らに嵌められて殺された人」だったのかもしれません。そういう人が、もう一度、アメリカに生まれ変わると、彼のようになるかもしれませんね。

　ただ、彼が、確信犯的に、自分の頭のなかに何かを刷り込んでいることは事実でしょう。

モルモン教が「右翼」である二つの理由

大川隆法　おそらく、「アメリカは歴史が浅い」ということに対する劣等感のようなものが、国のなかにあったのだろうと思います。

　アメリカは、1700年代後半に独立したものの、やはり、歴史の浅いことが悔しかったのでしょう。

　そのため、「復活したイエス・キリストは、本当にアメリカに来ていた。そのことを記した聖典

は埋められていたが、今回、それを掘り起こした。やはり、アメリカの歴史は古く、昔からきちんとキリスト教が入っていたのだ」ということを創作したのかもしれません。「そうすれば、アメリカの歴史に正統性ができ、ヨーロッパに対して優位に立てる」という気持ちがあったのでしょう。

　それと、もう一つ、私の目には、「インディアンを迫害したことに対する正当性をつくろう」としているようにも見えます。

　それで、「かつて、正統なキリスト教を伝えていた人々を全滅させた者たちが、神の呪いを受けて、有色人種であるインディアンに生まれ変わったのだ。だから、今、彼らはこうして差別されているのだ」という言い方をしているわけですね。

　そのように考えると、確かに、今、モルモン教が右翼のほうに出てきているのは分かるような気

8 ジョセフ・スミスの人物像を振り返る

がします。

里村　なるほど。

大川隆法　モルモン教が急進的な右翼のほうに出てきている理由は、「アメリカの優位」というか、「アメリカ国粋主義の方向に持っていきたい」という気持ちが強いからでしょう。

　実際、アメリカは、200年ぐらいの歴史しかない国です。ところが、モルモン教が主張するように、「イエスは本当にアメリカに来ていて、200年間もアメリカでキリスト教が広がっていたのだ。そのときの民族は今はいないが、それは滅ぼされたからである。その代わり、当時の歴史が書かれた『モルモン書』を私が掘り起こして人々に伝えたのだ」ということになると、突如、アメリカに

2000年以上の歴史が出てくるわけです。

そうすれば、ヨーロッパにも十分対抗できますからね。

ジョセフ・スミスについては、宗教的な人と見る向きもありますが、ある意味で、彼は、非常に右翼国粋主義的な信念の持ち主ではないでしょうか。

つまり、「インディアンから土地を奪ったことに対する正当性」と、「ヨーロッパに対して優位に立つことの正統性」とを非常に強く信じ込んでいるように感じましたね。

その意味では、現在のアメリカに影響をまったく与えていないわけではないでしょう。むしろ、けっこう働いているかもしれません。

西部開拓を「明白な運命」として正当化したアメリカ

大川隆法　アメリカは、はっきり言って、略奪国家です。ヨーロッパから流れてきた人たちは、インディアンの土地を取りまくっていますし、人も大量に殺しています。西の果て（西海岸）まで、丸ごと取っているのです。さらに、メキシコと戦争をし、メキシコの土地も取っています。

　要するに、その略奪国家を「神の国」にするために、何らかの正当性をつくる必要があったはずなのです。

　そうしなければ、知らん顔をして、他の国のことを批判することなどできません。

　アメリカが、戦前、日本に対し、「中国に進出するのはけしからん」などということを平気で言

えたのも、「自分たちの歴史に対しては、きれいさっぱり清算が終わっている」という前提があったからでしょう。

その意味で、ジョセフ・スミスは、右翼国粋主義的なものを持っているように感じました。

里村　確かに、アメリカでは、1800年代の西部開拓は"Manifest Destiny"（明白な運命）と言われ、正当性があるとされています。

大川隆法　そうそう。

1800年代当時、西部開拓を裏付けるものが何か必要だったのでないでしょうか。

つまり、アメリカには正統な歴史が必要だったわけです。「泥棒の歴史にはしたくなかった」ということですね。

8　ジョセフ・スミスの人物像を振り返る

　一方、オーストラリアという国は、そういう歴史をつくれなかったため、流刑地としての歴史だけが残っています。すなわち、「イギリスで悪いことをした人たちが、オーストラリアに流された」というようなかたちになっているため、今でもオーストラリア人には自信がないわけです。

　確かに、アメリカは、20世紀以降、ものすごく繁栄しました。

　アメリカ人としては「神の予定があったからだ」ということにしたいのでしょうが、そのスターティング・ポイントは、はっきりしていません。

　独立戦争に勝って、イギリスから独立したのはよいのですが、確かに、そのままでは、「インディアンの土地を取り、彼らを殺していった」ということに対する正当性が出ないのです。

　この部分については、「神が、そういう運命を

授けた」とする以外に方法はなかったのでしょうから、創作であれ、何であれ、そういうものを誰かがつくる必要があったのかもしれませんね。

『モルモン書』は、日本で言えば、
『竹内文書』や「水戸学」のようなもの

大川隆法　もしかしたら、『モルモン書』は、日本における『竹内文書』注1(p.134)のようなものかもしれません。

　『竹内文書』は、天皇家の古い歴史として、神武天皇以前にも天皇がいたかのように伝えていますが、それと似たようなものかもしれないですね。

　ただ、やはり、政治的なものが絡んでいるのは事実です。当時、「とにかく、嘘でもよいから、アメリカの発展を裏付けるものを何かつくらなければならない」というようなニーズがあったので

8 ジョセフ・スミスの人物像を振り返る

しょう。

　だから、今、アメリカ人は、知らん顔をしているのではないでしょうか。彼らは、自分たちには一切(いっさい)の罪がないかのように平気で振る舞(ま)っていますし、外国に対しても、「正義はわれにあり」というスタンスで、常に臨(のぞ)んでいます。

　このあたりが不思議なところですね。

里村　今のお話を聴(き)いて、共和党とのつながりがよく分かりました。

大川隆法　ええ。つながりがあります。

　さらに言い換(か)えれば、「水戸学(みとがく)」注2のようなものでしょうか。

　今回の霊言を見ると、宗教的には内容が浅かったので、ジョセフ・スミスには、むしろ、政治的

なところがあったのかもしれません。

もし、「『モルモン書』を自分で創作した」ということであるならば、この人には、フィクションをつくる才能があったのでしょう。つまり、「『旧約聖書』や『新約聖書』等を読み、それをアメリカに必要な内容につくり変え、"アメリカの聖書"を書いた。そして、それに少し箔を付けて広めた」といったところかもしれませんね。

日本においても、天皇家の正統性を示す文献が、過去、何回もつくられています。

例えば、『古事記』『日本書紀』等がそうです。そうした文献には、本当か嘘かが分からない部分もありますが、「昔から天皇が続いている」という一貫した歴史が書かれているわけです。

そこには、やはり、頼山陽的な天皇史観というか、水戸学につながるようなものがあると言って

よいでしょう。

里村　つながります。はい。

大川隆法　もしかしたら、そのようなものと関係があるのかもしれません。

　建国以来のアメリカの歴史をリアリスティックに分析すると、あまりにも惨めなのです。

　それが、20世紀に入ると、なぜかは分かりませんが、急に、工業が発展し、人口が増え、大都市が生まれ、国民がお金持ちになってしまったのです。

　その理由を、『モルモン書』以外に求めるとするならば、ニューソートあたりにあるかもしれません。つまり、「ニューソートから出てきた光明思想的な考え方が基になって、国が発展した」と

いう考えもあるわけですね。

　ただ、もっと前の原点のところに、「実は2000年前にキリストの教えがアメリカに入っていたのだ」という考えを入れて、正統性をつくりたかったのかもしれません。

　その意味では、『モルモン書』が嘘であったとしても、それを発見したとされるジョセフ・スミスには、確信犯的なものがあったかもしれないですね。

〔注1〕『古事記』以前の歴史書とされる文献。天皇家の歴史を中心として、宇宙創世や人類誕生、超古代文明の興亡等が記されている。

〔注2〕水戸藩主 徳川光圀の「大日本史」編纂に端を発し、同藩で興隆した学派。皇室の尊厳を説き、幕末の尊皇攘夷運動に大きな影響を与えた。

〔注3〕頼山陽（1780～1832）。江戸後期の儒学者・歴史家。その著「日本外史」は幕末の尊皇攘夷運動や勤皇思想に大きな影響を与えた。

〔注4〕19世紀のアメリカで始まった宗教・思想運動。心を明るい方向に向けることの大切さを説く。成功哲学や自己啓発のルーツの一つとされている。

「宗教的な核」が見当たらないアメリカ

里村　『モルモン書』が水戸学のようなものだと考えると、ロムニー氏が、大統領選でそれなりに支持され、有力候補として出てくるのも分かるような気がします。

大川隆法　そうですね。

アメリカが外国から最も軽蔑されている点は、その歴史の浅さですからね。

要するに、アメリカという国は、「貴族制がない国」「中世がない国」なんですよ。古代もなければ、中世もない国ですから、「粉飾してでも、何か歴史をつくってしまいたい」という気持ちは出てくるでしょうね。

以前、ある考古学者が、自分で仕込んだ石器を埋めて数年後に掘り出し、「新発見だ」と嘘の発表をしましたが、気持ちとしては、これとよく似ているかもしれないですね。

『モルモン書』には、何か他の意味があるかもしれませんが、600万もの人々が信じていることを考えると、本当に政治的なところがすべてかもしれません。

まあ、アメリカに渡ってきた清教徒自体に、迫

8　ジョセフ・スミスの人物像を振り返る

害から逃げてきたようなところがあるし、建国のきっかけも、「母国の徴税権に抵抗して独立運動を起こした」というだけのことですからね。

それから、私がアメリカを見ていて感じるのは、「宗教的な核の部分が見当たらない」ということです。

リンカンであっても、中興の祖に当たる程度かもしれないし、「ジョージ・ワシントンが偉い」と言っても、独立戦争の指揮者にすぎません。つまり、精神的な指導者がいないわけです。

あえて「アメリカの神は誰か」と考えてみても、初代大統領か、リンカンか、ケネディか、キング牧師か、そのあたりの新しい人しか思い浮かびません。何かが足りないのは事実なのです。

ジョセフ・スミスは、「インディアンの土地を奪った」という歴史を正当化するために、「かつて、

正統なキリスト教を広めていた人たちを迫害し、全滅させた種族がいた。その種族が、天罰によって有色人種に変えられたのだ」という思想を持ってきたわけです。

　その意味では、モルモン教が単独で正当化しているのではなく、アメリカが丸ごと"グル"になっている可能性もあるかもしれませんね。

　ジョセフ・スミスの宗教性が薄いのは、もともと、そういうところがあったからでしょう。当時、そういう意味でのニーズがあったのかもしれないですね。

9 モルモン教誕生の霊的背景とは

悪魔が指導してつくった宗教なのか

大川隆法 ほかに、チェックしたほうがよさそうな人はいますか。かなり時間が長くなりましたけれども……。

里村 はい。特にございません。だいたい分かりましたので、もう大丈夫かと思います。

大川隆法 天上界のイエスにも、モルモン教について訊いてみたのですが、何も語りませんでした。言いたくなかったのでしょう。

　エドガー・ケイシー霊とノーマン・ヴィンセント・ピール霊が、「触ると少し怖いですよ」と言っていた理由が、何となく分かりましたね。

里村　全然、宗教性がありませんでした。

大川隆法　２代目も行きますか。おそらく似たような感じだろうと思いますが。

里村　もう十分に分かりましたので、結構でございます。

大川隆法　うーん。でも、おそらく、これは、「インディアンから土地を奪った」という歴史を引っ繰り返すことが目的だったのでしょう。
　そして、「アメリカは、もともと、神によって、白人優位の繁栄する社会ができることが予定されていた」というストーリーをつくりたかったのではないでしょうか。

9　モルモン教誕生の霊的背景とは

　その意味では、今回、ジョセフ・スミスは、死んだときのままの状態で出てきましたが、「本当に悪魔の指導だけだったのか」ということについては、分かりかねる面があります。彼は、拳銃で撃たれて亡くなっているため、単にそれが理由で成仏していなかっただけなのかもしれません。

　ともかく、キリスト教の聖地が、イスラエル、あるいは、イタリアやドイツ、イギリスなどのヨーロッパにあるのが悔しくて、何か、そういうものをアメリカに引っ張ってきたかったのでしょう。

　こうしたことを考えると、「モルモン教はまだ広がる」とも、「もう広がらない」とも、何とも言えないところがあります。

　いずれにせよ、モルモン教は、政治的に、自国の歴史に正統性を与えたかったのだと思います。

　この感覚は分かりますよ。例えば、ほかの新宗

教では、統一協会(とういつきょうかい)にも同じようなところがありますからね。

統一協会は、「韓国(かんこく)はアダムの国であり、日本はエバの国である。日本は韓国に対してさんざん悪いことをしたので、日本からいくらお金を巻き上げても構わない」という思想を説いているため、韓国ではけっこう人気があります。

彼らは、日本の信者に物売りをさせてお金を巻き上げ、そのお金を、自分たちが経営している韓国の赤字企業(きぎょう)にたくさん注(つ)ぎ込んでいます。

ただ、統一協会はいちおう右翼(うよく)ではありますが、今では、韓国政府よりも、北朝鮮(きたちょうせん)とつながりがあるようです。

ちなみに、以前の霊査では、統一協会は地獄界(じごくかい)のほうにつながっていることが判明しています（『宗教決断の時代』第1章参照）。

里村　そうですね。

大川隆法　まあ、左翼にも右翼にも地獄はあるのかもしれませんね。

『旧約聖書』に出てくる戦闘的な神が関係していた？

大川隆法　やはり、アメリカの白人優位主義や戦闘的な面には、何か霊的な影響があると思います。

　もしかすると、『旧約聖書』に出てくる神が関係しているかもしれません。

　「イエス自身は、愛や許し、平和を教えているのに、なぜクリスチャンはこれほど戦闘的なのか」ということを、みな、不思議がっていますが、『旧約聖書』には、確かに、皆殺しを命じるような神

が出てくるのです。

　それと少し似ているものがあるので、モルモン教にも、何か、そういう霊的影響が入っているかもしれないですね。

　『旧約聖書』に出てくる神も、「自分を信じない者たちは皆殺しにしろ」と命じています。

　例えば、モーセの出エジプトに関しても、パレスチナにはすでに別の民族が住んでいたのに、「彼らを皆殺しにして、カナンの地を取って構わない」と言っているのです。これが、2000年以上たっても、いまだにイスラエルで揉めている理由です。

　今回の霊査だけでは、「モルモン教にいったいどのような霊的存在が働きかけたのか」ということが、もうひとつ分からないですけれども、もしモルモン教がアメリカのデスティニー（運命）にまで絡んでいるとするならば、「善とも悪とも言

えない存在」が働いていたかもしれません。そうしたヤヌス的なものを少し感じますね。

〔注5〕頭の前後に二つの顔を持つローマ神話の神。

滅びた民族の魂がアメリカに現れている可能性

大川隆法　アメリカは、白人にとっては新しい国です。そのため、アメリカには、日本のように、昔からの「オリジナルの神々」がいないのです。

　アメリカ霊界に、もし、霊的に移動してくるものがあるとすれば、いったい、どこから来る可能性があるでしょうか。

　「インディアン以外で、アメリカに来る可能性があるもの」というと、やはり、古代の"何か"でしょうね。

　それこそ、今では滅んでいて、すでに神話になっ

ている宗教をかつて信じていた「中東あたりの"何か"」かもしれません。

歴史書としての『モルモン書』は、紀元前600年ごろの「旧約の時代」から書き起こし、西暦421年で終わっています。

そして、「イエスがアメリカに渡って以降、200年間、キリスト教が繁栄した」と言っています。

その後、「反対派のグループが台頭して種族が分裂し、キリスト教を信じている側は、迫害されて全滅した」というわけです。

では、そのころに滅びた民族や宗教としては、何があるでしょうか。

キリスト教がヨーロッパに広がる過程で滅びていったものとしては、まず、「ギリシャ・ローマ系の神々への信仰」がありますが、もう一つ、その当時、世界宗教になっていた「マニ教」もあり

ます。
　このように、どこかで滅ぼされた民族の魂たちがアメリカに現れている可能性はありますね。
　確かに、「これだけ豊かで広大な大陸に、かつては少ない人口しかいなかった」というのは、本当に不思議なことです。
　それ以前ということになると、中南米のほうにも文明がありましたか。

里村　はい。あります。

大川隆法　ユカタン半島のあたりには文明がありましたね。
　マヤが滅びたのは、西暦900年ぐらいでしたか。

里村　はい。だいたい10世紀ごろです。ただ、

最終的には……。

大川隆法　最終的には、スペイン人が来て、16世紀ごろに滅ぼされていますかね。

里村　はい。

大川隆法　ただ、このあたりの魂がアメリカに転生したとしても、ジョセフ・スミスの言うような正当性は主張しないでしょうね。
　彼は、まだ、自分が死んでいることさえ分からないような状態なので、転生輪廻についてはもっと分からないでしょう。

里村　分からないと思います。

9 モルモン教誕生の霊的背景とは

大川隆法　分かるはずがないし、分かっていたとしても、キリスト教の教えとは矛盾(むじゅん)するので、自分の過去世(かこぜ)については白状しないでしょうね。

　裏取りとして、何か訊いてみたい人はいますか。イエスに訊くのは失礼でしょうか。

里村　モルモン教の背景がかなり分かりましたので、今日は、もう十分かと思います。

「ジョセフ・スミスの今の状態を探(さぐ)った」というあたりで終わりにしたい

大川隆法　モルモン教については、すべてを否定することができないかもしれません。

　ただ、少なくとも、開祖自身の霊は、時間が止まっていて、いまだに、「銃で撃たれてから1時間しかたっていない」と思っているようです。

そして、3日後には復活するつもりでいるらしく、「私の復活により、アメリカに、新しいキリスト教王国が広がる。イエスの3回目の復活が起きるのだ」と考えているようでした。

確かに、これだけ大きな国であれば、時期的に見ても、そのあたりで、誰か宗教的に偉大な人が出てもおかしくありません。しかし、今回の霊査では、「彼は少し違うのではないか」という印象を受けましたね。

とにかく、アメリカには、宗教的に偉大な人が少ないのですが、その理由は、私にもよく分かりません。

今のところ、モルモン教も、それほど巨大な宗教ではなく、キリスト教のセクト（分派）、あるいはカルトとしてしか存在していないので、正統派のキリスト教から、すでに押さえ込まれてし

9　モルモン教誕生の霊的背景とは

まっているのかもしれませんね。

ちなみに、以前、ブラジルへ巡錫したとき（2010年）、パウロを祀っているカトリックのいちばん大きな教会に立ち寄りましたが、そこにパウロの霊はいませんでした。「パウロはブラジルを霊的に指導していない」ということがはっきりと分かってしまったのです。

ただ、今回の『モルモン教』については、はっきりと分かったとは言えず、まだ疑問が残らないわけではありません。

アメリカには、モルモン教以外にも、幾つかの新宗教が起きています。クリスチャン・サイエンスがそうですし、20世紀に生まれたサイエントロジーもそうです。ただ、いずれも、「キリスト教の一派」というかたちで現れています。

まあ、もうひとつ、スキッとしませんが、結論

がはっきり出ないほうがよいのかもしれません。少なくとも、「ジョセフ・スミスは、このような状態であった」ということですね。

里村　はい。ありがとうございました。

大川隆法　（聴聞者に向かって）何か欲求不満がありますか。「ここを、もう少し突っ込んでほしい」という要望があれば調べますけれども……。
　（幸福実現党の）立木党首は構わないですか。これで、お付き合い可能ですか。

立木党首　はい。大丈夫です。

大川隆法　大丈夫ですか。まあ、大人のお付き合いですね。ロムニー氏が大統領になっても構わな

9　モルモン教誕生の霊的背景とは

いですか。

立木党首　はい。構いません。

大川隆法　ロムニー氏が大統領になったら、急に強くなってしまったりして、"復活"するかもしれないですね。

里村　ただ、全然、気がついていないというか、まったく知りませんでしたから。

大川隆法　でも、国粋主義的なものは、メンタリティーとしては、どこの国でも起きることですからね。
　まあ、十分ではありませんでしたが、「ジョセフ・スミスの今の状態を探った」というあたりで

終わりにしたいと思います。

　（里村に）「おまえはエンゼルか」と言われて、答えに少し苦しんでいたようですが。

里村　今後も精進してまいります。
　ありがとうございました。

大川隆法　それでは以上とします。
　ありがとうございました。

あとがき

　アメリカという国は不思議な大国だ。資源に恵まれながらも、建国後200年ばかりの歴史しかない。少数民族のインディアンを追い散らしながら西部開拓をし、太平洋へと進出していったこの大国には、何らかのレーゾン・デートル（存在根拠）としての「ウルトラＣ」が必要であったろう。
　その方便の一つが、19世紀半ばに興った「モルモン教」であろう。モルモン教徒には、真面目で、礼儀正しく、親切な人も多いので、悪く言うつもりはない。
　復活後のイエス・キリストが、もしアメリカ大陸に渡っていたら？　そして、白人に土地を奪われていったインディアンたちが、過去にアメリカ

大陸のキリスト教徒を絶滅させた原罪（カルマ）を持っていたとしたら？　ホワイト・アメリカンたちは枕を高くして眠れることだろう。これを「救い」と称するか、「すりかえ」と称するか。宗教的良心が問われることだろう。

2012年1月25日
幸福の科学グループ創始者兼総裁　大川隆法

『モルモン教霊査』大川隆法著作関連書籍

『宗教決断の時代』(幸福の科学出版刊)
『宗教イノベーションの時代』(同上)

モルモン教霊査
──アメリカ発新宗教の知られざる真実──

2012年2月27日　初版第1刷

著　者　　大　川　隆　法

発行所　　幸福の科学出版株式会社

〒142-0041　東京都品川区戸越1丁目6番7号
TEL(03)6384-3777
http://www.irhpress.co.jp/

印刷・製本　　株式会社 サンニチ印刷

落丁・乱丁本はおとりかえいたします
©Ryuho Okawa 2012. Printed in Japan. 検印省略
ISBN978-4-86395-171-6 C0014
Photo: CURAphotography/Shutterstock.com

大川隆法ベストセラーズ・最新刊

不滅の法
宇宙時代への目覚め

法シリーズ18作目

「霊界」、「奇跡」、そして「宇宙人」の存在。物質文明が封じ込めてきた不滅の真実が解き放たれる。地球の未来を切り拓くために。

序　章　心の中の宇宙
第1章　世界宗教入門
第2章　霊界と奇跡
第3章　霊性の時代へ
第4章　宇宙時代への目覚め
第5章　救世の時は今

2,000 円

繁栄思考
無限の富を引き寄せる法則

豊かになるための「人類共通の法則」が存在する──。その法則を知ったとき、あなたの人生にも、繁栄という奇跡が起きる。

第1章　成功を手にするためには
第2章　貧乏神を寄せ付けない方法
第3章　繁栄思考
第4章　繁栄の神に近づけ

2,000 円

幸福の科学出版

大川隆法 ベストセラーズ・法シリーズ

太陽の法
エル・カンターレへの道

創世記や愛の段階、悟りの構造、文明の流転を明快に説き、主エル・カンターレの真実の使命を示した、仏法真理の基本書。

2,000円

救世の法
信仰と未来社会

信仰を持つことの功徳や、民族・宗教対立を終わらせる考え方など、人類への希望が示される。地球神の説くほんとうの「救い」とは──。

1,800円

教育の法
信仰と実学の間で

深刻ないじめの問題の実態と解決法や、尊敬される教師の条件、親が信頼できる学校のあり方など、教育を再生させる方法が示される。

1,800円

※表示価格は本体価格(税別)です。

大川隆法ベストセラーズ・宗教の違いを知る

宗教イノベーションの時代

目からウロコの宗教選び②

戦後、日本の新宗教のイメージをつくってきた教団の教祖たちが、霊言に登場！宗教学者も判らない真実が公開される。

第1章　立正佼成会「成功」の秘密に迫る <庭野日敬>
帰天後の天上界での生活　ほか

第2章　真如苑の「実態」を霊査する <伊藤真乗>
自分の死を自覚していなかった伊藤真乗の霊　ほか

第3章　創価学会の「功罪」を語る <池田大作守護霊>
大石寺との決裂について、どう思うか　ほか

1,700円

宗教決断の時代

目からウロコの宗教選び①

統一協会教祖・文鮮明（守護霊）、創価学会初代会長・牧口常三郎の霊言により、各教団の霊的真相などが明らかになる。

第1章　統一協会教祖の正体 <文鮮明守護霊>
統一協会での「段階的な騙し方」とは
霊的に見た「統一協会の正体」　ほか

第2章　創価学会の源流を探る <牧口常三郎>
創価学会初代会長より、現在の考えを聴く
なぜ、法華経は人気があるのか　ほか

1,500円

幸福の科学出版

大川隆法 ベストセラーズ・日本と世界の今を知る

もしケインズなら 日本経済をどうするか
日本を復活させる21世紀の経済学

円高をどう生かすべきか？ TPP参加の是非とは？ 最強の経済学者の一人・ケインズが、日本を救う財政・金融政策と震災復興策を語る。

1,400円

日銀総裁との スピリチュアル対話
「通貨の番人」の正体

デフレ不況、超円高、財政赤字……。なぜ日銀は有効な手を打てないのか!? 日銀総裁・白川氏の守護霊インタビューでその理由が明らかに。

1,400円

北朝鮮 ―終わりの始まり―
霊的真実の衝撃

「公開霊言」で明らかになった北朝鮮の真実。金正日が自らの死の真相を、後継者・金正恩の守護霊が今後の野望を語る。

1,300円

発行　幸福実現党
発売　幸福の科学出版株式会社

※表示価格は本体価格（税別）です。

幸福の科学グループのご案内

宗教、教育、政治、出版などの活動を通じて、地球的ユートピアの実現を目指しています。

宗教法人　幸福の科学

1986年に立宗。1991年に宗教法人格を取得。信仰の対象は、地球系霊団の最高大霊、主エル・カンターレ。世界90カ国以上に信者を持ち、全人類救済という尊い使命のもと、信者は、「愛」と「悟り」と「ユートピア建設」の教えの実践、伝道に励んでいます。

（2012年2月現在）

公式サイト
http://www.happy-science.jp/

愛

幸福の科学の「愛」とは、与える愛です。これは、仏教の慈悲や布施の精神と同じことです。信者は、仏法真理をお伝えすることを通して、多くの方に幸福な人生を送っていただくための活動に励んでいます。

悟り

「悟り」とは、自らが仏の子であることを知るということです。教学(きょうがく)や精神統一によって心を磨き、智慧(ちえ)を得て悩みを解決すると共に、天使・菩薩の境地を目指し、より多くの人を救える力を身につけていきます。

ユートピア建設

私たち人間は、地上に理想世界を建設するという尊い使命を持って生まれてきています。社会の悪を押しとどめ、善を推し進めるために、信者はさまざまな活動に積極的に参加しています。

海外支援・災害支援

国内外の世界で貧困や災害、心の病で苦しんでいる人々に対しては、現地メンバーや支援団体と連携して、物心両面に渡り、あらゆる手段で手を差し伸べています。

自殺を減らそうキャンペーン

年間3万人を超える自殺者を減らすため、全国各地で街頭キャンペーンを展開しています。

公式サイト
http://www.withyou-hs.net/

ヘレンの会

ヘレン・ケラーを理想として活動する、ハンディキャップを持つ方とボランティアの会です。視聴覚障害者、肢体不自由な方々に仏法真理を学んでいただくための、さまざまなサポートをしています。

公式サイト
http://www.helen-hs.net/

INFORMATION

お近くの精舎・支部・拠点など、お問い合わせは、こちらまで！
幸福の科学サービスセンター
TEL. **03-5793-1727** (受付時間 火〜金:10〜20時／土・日:10〜18時)
幸福の科学グループサイト **http://www.hs-group.org/**

（教育）

学校法人 幸福の科学学園

幸福の科学学園中学校・高等学校は、幸福の科学の教育理念のもとにつくられた学校です。人間にとって最も大切な宗教教育の導入を通じて精神性を高めながら、ユートピア建設に貢献する人材輩出を目指しています。

幸福の科学学園 中学校・高等学校（男女共学・全寮制）
2010年4月開校・栃木県那須郡

TEL 0287-75-7777
公式サイト
http://www.happy-science.ac.jp/

関西校（2013年4月開校予定・滋賀県）
幸福の科学大学（2016年開学予定）

仏法真理塾「サクセスNo.1」
小・中・高校生が、信仰教育を基礎にしながら、「勉強も『心の修行』」と考えて学んでいます。

TEL 03-5750-0747（東京本校）

不登校児支援スクール「ネバー・マインド」
心の面からのアプローチを重視して、不登校の子供たちを支援しています。

エンゼルプランV
幼少時からの心の教育を大切にして、信仰をベースにした幼児教育を行っています。

NPO活動支援

学校からのいじめ追放を目指し、さまざまな社会提言をしています。また、各地でのシンポジウムや学校への啓発ポスター掲示等に取り組むNPO「いじめから子供を守ろう！ネットワーク」を支援しています。

公式サイト http://mamoro.org/
ブログ http://mamoro.blog86.fc2.com/
相談窓口 TEL.03-5719-2170

政治

幸福実現党

内憂外患(ないゆうがいかん)の国難に立ち向かうべく、2009年5月に幸福実現党を立党しました。創立者である大川隆法党名誉総裁の精神的指導のもと、宗教だけでは解決できない問題に取り組み、幸福を具体化するための力になっています。

党員の機関紙
「幸福実現News」

TEL 03-3535-3777
公式サイト
http://www.hr-party.jp/

出版メディア事業

幸福の科学出版

大川隆法総裁の仏法真理の書を中心に、ビジネス、自己啓発、小説など、さまざまなジャンルの書籍・雑誌を出版しています。他にも、映画事業、文学・学術発展のための振興事業、テレビ・ラジオ番組の提供など、幸福の科学文化を広げる事業を行っています。

TEL 03-6384-3777
ホームページ
http://www.irhpress.co.jp/

入 会 の ご 案 内

あなたも、幸福の科学に集い、ほんとうの幸福を見つけてみませんか？

幸福の科学では、大川隆法総裁が説く仏法真理をもとに、
「どうすれば幸福になれるのか、また、
他の人を幸福にできるのか」を学び、実践しています。

入会

大川隆法総裁の教えを学ぼうとする方なら、どなたでも入会できます。入会された方には、『入会版「正心法語」』が授与されます。（入会の奉納は1,000円目安です）

ネットでも入会できます。詳しくは、下記URLへ。

三帰誓願（さんきせいがん）

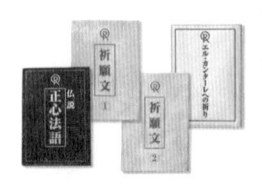

仏弟子としてさらに信仰を深めたい方は、仏・法・僧の三宝への帰依を誓う「三帰誓願式」を受けることができます。三帰誓願者には、『仏説・正心法語』『祈願文①』『祈願文②』『エル・カンターレへの祈り』が授与されます。

植福の会（しょくふくのかい）

植福は、ユートピア建設のために、自分の富を差し出す尊い布施の行為です。布施の機会として、毎月1口1,000円からお申込みいただける、「植福の会」がございます。

「植福の会」に参加された方のうちご希望の方には、幸福の科学の小冊子（毎月1回）をお送りいたします。詳しくは、下記の電話番号までお問合せください。

月刊「幸福の科学」
ザ・伝道 
ヤング・ブッダ 
ヘルメス・エンゼルズ 

INFORMATION

幸福の科学サービスセンター
TEL. **03-5793-1727**（受付時間 火～金:10～20時／土・日:10～18時）
宗教法人 幸福の科学 公式サイト **http://www.happy-science.jp/**